IL LIBRO DEGLI ARCANI MAGGIORI

LA MAGIA DIVINATORIA

GIULIANO KREMMERZ

Giuliano Kremmerz, è il nome di Ciro Formisano, nato a Portici il giorno 8 Aprile 1861. Egli fu filosofo, terapeuta e taumaturgo, e fondò la SPHCI (Schola Philosophica Hermetica Classica Italica) Fratellanza Terapeutica Magica di Miriam, con finalità esclusivamente terapeutiche a beneficio di tutti, e ancora oggi in funzione attraverso alcune filiazioni che hanno ereditato il patrimonio dottrinale e rituale della scuola.
Ciro Formisano presto entrò in contatto con Pasquale De Servis, noto agli studiosi di ermetismo dell'epoca come IZAR e legato alle radici italiche della tradizione iniziatica: la tradizione che, prima del cristianesimo, era fiorita nella Magna Grecia nella scuola pitagorica, che aveva ricevuto i misteri isiaco e osiriano dall'Egitto.

Virtualmente sepolta dagli effetti dell'eruzione del Vesuvio nel 79 a.c., questa tradizione ha successivamente tentato di riemergere in varie forme, travestito nelle opere e nei pensieri di alcuni dei più grandi nomi della cultura e della medicina, come Dante e Fedeli d'Amore la Confraternita dei Fedeli innamorati, Cecco D'Ascoli, Pico della Mirandola, Marsilio Ficino (Marsilius Ficinus), Giordano Bruno, Cornelio Agrippa e Paracelso, fino a Raimondo di Sangro, principe di Sansevero, e al conte di Cagliostro nel XVIII secolo e, in tempi più recenti, alle correnti esoteriche del Risorgimento italiano.

Sulla base di ciò che afferma Kremmerz stesso, è stato De Servis a iniziare il giovane Ciro Formisano ai misteri della scienza sacra, riconoscendo in lui le caratteristiche costitutive di un maestro dell'ermetismo, unito a una grande umanità, tollerante e generosa.

Ciro Formisano si laureò in Scienze Umanistiche e, dopo una breve esperienza come insegnante e poi come giornalista, partì per un misterioso viaggio a Montevideo, dove si dice che entrò in contatto con le culture sciamaniche dell'America Latina.

IL LIBRO DEGLI ARCANI MAGGIORI[1]

Pubblichiamo il seguente articolo perché vogliamo essere eclettici e dare ai nostri lettori un saggio di tutte le scuole. Giuliano Kremmerz, è il pseudonimo di un forte e originale ingegno che fondò e diresse dieci anni or sono un periodico dedicato alle scienze occulte, il quale vide la luce per due anni a

Napoli col titolo di Napoli «Il Mondo Secreto.»

la direzione

---

[1] Questa opera di Magia divinizzante sarà al più presto possibile stampata in due grossi ed eleganti volumi illustrati ; l'editore conserva l'anonimo fino a quando non troverà tredici sottoscrit-tori che garantiscano di pagare, leggere e capire.

IL PROLOGO DEL PAZZO

Ho scritto questo libro, che è il libro della umanità divina, in ventidue notti di luna piena, per dare al mondo latino, a latendo, un monumento scientifico che i dotti della posterità dovranno studiare pesandone i sospiri, come insegnavano i maestri di cembalo dopo la morte di Frate Guido d'Arezzo. L'ho scritto con inchiostro stemperato di sale ammoniaco, che, pur ricordato dagli alchimisti più celebri, non si compra a chilogrammi negli spacci del governo. Vi ho sciorinato tutti i colori che la pietra dei filosofi suol prendere nei crogiuoli di fusione e credo, modestamente, di aver scritto un capolavoro. Non ne prendo il brevetto perché prima che il Nilo dissecchi, non nascerà un vate che scriverà roba dei cicli, con parola di uomo.

(Un lettore) — Eccoci innanzi ad un documento della follia ragionante!

— È probabile. Né mi offende il tuo giudizio, poiché o devo considerarti come un vilissimo pedante che cerchi la grammatica infiorata negli scritti e una scienza a modo tuo di vedere, con microscopio e bilancia infinitesimale, nel contenuto, o devo immaginarti bestia presuntuosa che giudichi come Minosse con la coda. In ogni caso ti è concessa libertà di vituperare quello che non capisci.

Riprendo. Ho detto che non nascerà un vate che scriverà cosa come questa, perché i vati sono oggi come furono nei primi giorni gli uomini che sentirono il fuoco sacro nelle budella, donde si formò la parola vaticinio che il vate strappa ai cieli, i quali sono in linguaggio sacro i nascondigli nei quali si celano gli dei[2]. Ecco perché io ti ammoniva che i posteri devono pesare questi veri con la bilancia che la sacra romana chiesa ha posto nelle mani di Michele, la cui testa bellissima sta nelle nuvole, i piedi sul drago delle passioni umane, mentre le coppe della macchina stanno in equilibrio tra l'ombelico e l'arcangelico pube[3].

E ne ho impreso la grave scrittura dando uno sguardo alle miserie della decadenza religiosa e all'audacia terrificante della sapienza laureata che in filosofia nega, in esperienze concede a millimetri, in privato dubbio implacabile tien sospesa. Religione da religo unisce l'uomo alla divinità per fede. Fides nasce dalla paura nel dio ignoto, Zeus, Geova, Giove, la causa del fulmine che guizza sotto i nuvoloni che nascondono l'ente causale. Un astronomo va più in là dell'atmosfera terrestre e trova l'universo, unus-versus, l'immenso di una sola faccia. La magione degli dei, dalla cima dell'Olimpo, ascende ad imprevedute altezze a pari passo coi perfezionamenti dei telescopi. La scienza, da scio, io conosco, non può, non deve credere se non lo consente l'esperienza che è la prova della conoscenza, e la sua che ora pare una marcia di ostacolo, sarà un giorno non vicino e non lontano l'annunziatrice della necessità di un pontificato salomonico, il quale terrà le chiavi della fede per diritto di sapienza. Poiché le due chiavi di oro di San Pietro, quantunque fuse in nobilissimo metallo, si sono ossidate in contatto degli acidi della bestia trionfante e della mancanza di preparazione

---

[2] Il poeta vero è ogni uomo che lascia parlare per la sua bocca il Mercurio messaggero degli Dei che si rendono irreperibili agli obbiettivi fotografici per conservare la dignità della loro pace feconda, e si coprono di caligine se l'indiscrezione umana li intravede.

[3] Il segno di Bilancia o Libra non ci starebbe nello zodiaco senza la Vergine: ed in alchimia la Stadera ha due pesi di differente volume, come poi la fisiologia e l'anatomia hanno dimostrato. Il Michael è il quasi simile a Dio, perciò pondera.

al sacerdozio scientifico di coloro che per diritto di conclave le hanno tenute sotto le ascelle.

E mi fermo sulle rive del Tevere. Roma, caput mundi, ereditava il diritto conferitele dalla Ninfa Egeria di Numa, col mettersi a capo della fede dei popoli.

Cattolica vale universale. I Romani bellicosi prima di aggiungere al loro imperio un popolo nuovo, nell'urbe sacra ne accoglievano trionfanti gli dei. Grossi e piccoli iddii, d'ogni cielo, d'ogni ragione, d'ogni lingua, dovettero per un bel po' di tempo formare negli occulti meandri della Eterna un'assemblea babelica che ebbe necessità un bel giorno di chiamare dentro le mura un Paolo o un Pietro che mettesse l'unità della celeste lingua nel pandemonio delle diverse divine favelle. Così l'essenismo cristiano, sotto il simbolo del pesce[4], prese radice a Roma, assorbendo culti e tradizioni, che gli conferirono il diritto di chiamarsi cattolico, mentre il dominio imperiale si sfasciava nelle irruzioni barbariche. Che sia avvenuto di poi lo sanno tutti, meno i preti. La religione classica, erede della grandezza pratica egizia, unico esempio nella dottrina religiosa di tutti i popoli, doveva diventar cattolica nel preceder come parola di un Dio luciferiano ogni progresso della scienza umana e divenne invece il tradimento storico dell'idea della luce. Non valsero tentativi riformisti. La storia dei Templari, ladrocinio vituperevole di temporalità e di sapienza, a cui collaborò un Capeto, è troppo poco nota, ma lo sarà più tardi, quantunque lo stesso papa e lo stesso Capeto ne abbiano molti secoli dopo, e in maniera diversa pagato il peccato. In Italia molti martiri furono

---

[4] La costellazione dei Pesci, dopo l'Acquario o diluvio sommergente, precede Ariete, rinnova-mento della natura (primavera) per l'azione feconda del maschio delle pecore o gregge. — poiché le corna sono state sempre simbolo di maschia potenza.

intesi male perfino nel concetto fondamentale delle loro pretese eresie.

Bruno e Campanella meritano uno studio al chiarore di altre lucerne filosofiche che non le profane alla scienza dei veri occulti. Il papa nuovo e grande della profezia risurrettiva sarà un santo per fede o un immortale per scienza?

(Un lettore) — Cominci col dire troppe cose.... fermati a Roma.

— Se lo potessi, mi fermerei: ma parla lo spirito che non si arresta. La chiesa del Cristo non può essere né giudicata, né discussa, né riformata ab imis se non quando avremo digerito, per selezione, i venti secoli di vaccinazione pretesca che gravita sulla psiche ereditaria di tutta Europa, compresa la parte protestante e l'ortodossa, rose anche esse da profonda tigna. La Rivoluzione di Francia non ebbe il suo effetto completo perché un'ondata di verità non lava tutte le macchie lasciate dall'acqua delle fonti battesimali.

Quindi ritorno alla scienza che esperimenta e dico: la dottrina dell'essenza umana s'impone. — venti anni fa parlare di scienze occulte e di magia al mondo degli studiosi ci valeva una scomunica del vescovo e un diploma di ciarlatani dalle università poco benevole. Ora il vento è più propizio: i vescovi non se ne danno per intesi, agguerriti a combattere l'idra modernista; le università pur intuendo che un vero profondo, di cui le cattedre regie non conferiscono il segreto e il potere, esiste, già vedono qui e là dei nomi illustri che danno il primo battesimo scientifico a cose ripudiate finora come imposture o sogni di creduli e confinate agli almanacchi delle fiere o agli esorcismi dei preti. Così un nuovo orizzonte si apre alla scienza ufficialmente accetta e un compito elettissimo di integrare in un sol fascio di dottrina sperimentata tutta la podestà della materia umana di cui la religione sconfinando ne ha denaturata la concezione.

Il difficile di un cuoco è nel dosare il pepe. Bisogna definire le parole il meglio possibile per intenderci. Esiste veramente una scienza occulta all'epoca del telefono senza fili e dei dirigibili? Questo famoso aggettivo occulto non è per caso una leggenda classica azzeccata ad una bottiglia vuota? — Apparentemente non dovrebbe esistere, perché è una gratuita patente di asinità alle accademie delle scienze umane, ma in realtà potrebbe esistere perché le accademie sullodate che contengono tutta la sapienza nota ignorano alcune verità assiomatiche che sono il fondamento di conoscenza che producono le più mirabili cose. La luce, il calore, l'elettricità, la forza meccanica nelle scienze fisiche, l'amore nella psicologia, il dolore, il piacere... non sono che cose occultissime nella loro essenza assoluta. La scienza umana si è impadronita di questi sublimi ignoti, ne ha studiate le manifestazioni, le ha provocate e adattate agli effetti del mondo fisico o ne ha commentato le bizzarrie, se manifestazioni di psicopatie umane sono uscite dalla ordinaria categoria dei fenomeni psicologici. Pretendere da Marconi che ci spieghi perchè una pila sviluppa una energia e perché questa energia è speciale nella determinazione di fenomeni di tante specie è un assurdo — è lo stesso che domandare al direttore di una fabbrica di zolfanelli, perché questi si accendono stropicciandoli su di una superficie ruvida...

(Un lettore) — Fermati almeno qui. Queste son cose che le risolve qualunque mortale, senza scomodare Marconi. La luce, l'elettricità, il calore, il suono noti anche ai mocciosi delle scuole operaie. Si sanno come si producono e riproducono sempre e come si vuole. Della loro essenza ne hanno profondamente discorso i dotti fino a dar loro un'unica natura e origine.

— E quando tutte le manifestazioni fisiche le avrai ridotte all'unica radice di Forza o di moto io ti ripeterò la stessa domanda: perché del Moto, perché della sua natura? E compare un inconoscibile, cioè un ignoto e un occulto. Ricordandoti che io fui ai tempi molti remoti un pontefice, io ti dirò che Luce, Calore, Suono, Magnete sono quattro dii e quattro facce di un dio unico. I nomi li troverai in tutte le mitologie... Apri bene le spelonche delle tue orecchie se ti parlo di amore, di dolore, di piacere. Qui l'occulto si presenta più scuro che mai. Tu conosci le tre cose, il tuo vicino di casa le conosce lo stesso, la tua fantesca, il tuo portinaio, il ciabattino che è all'angolo della via, la elegante signorina che corre nella lucida automobile, tutti le sanno queste tre cose. Ma le tre parole hanno mille significati diversi in mille e cento in una sola persona in cento casi ed ora differenti. La madre, la sorella, il padre, il libertino, l'uomo timido, il violento, il giovanissimo, l'adulto, il vecchio, tutti amano. Trovami la definizione dell'amore? intendilo? — e se la intendi come la tua sicumera lo può, lo intenderanno gli altri come lo intuisci o capisci tu?

Guarda un crocefisso. Il Cristo in croce dicono che sia amore come quello di un Budda che pregò la tigre di saziarsi della sua carne perché il suo amore per lei non gli permetteva di vederla soffrir la fame. Quante santissime isteriche del pantheon cattolico non hanno letteralmente fatto all'amore col Gesù schiodato dalle assicelle?

E qui ritorno alla fisica. Percepisci tu le sensazioni della luce, del suono, dell'elettricità, come tutti i prelodati signori che ti ho citato più su? mi dirai che l'universale omogeneità delle sensazioni è controllata dalla meccanica degli apparecchi adatti a registrarne la intensità — eppure se il termometro segna 20° tu e il tuo vicino di casa non sentirete l'identica sensazione fisica e psichica — e, qui occorre un po' di pepe, perché non pensi che le cose sono nel valore relativo delle percezioni individuali di esse. La sensibilità normale è sorda di fronte ad una supersensibilità morbosa. Ma è veramente morbosa una supersensibilità che forse potrebbe essere la normale di parecchie generazioni avvenire? e da questa graduazione immensurabile della sensibilità il mondo è come lo vedi tu che abiti all'ultimo piano di casa, o il portinaio che lo scruta dal pian terreno?

Vedi, o allegro mio lettore, che incespichiamo in un ciottolo del petraio occulto ad ogni passo. Il cammino è aspro. Se nella vita quotidiana l'uomo avesse modo di riflettere e di pensare a tutto ciò che la scienza e la religione non spiegano, non prevedono, non impediscono, non facilitano, non incoraggiano, nelle urgenze delle grandi e piccole noie quotidiane, resterebbe sbalordito della nostra miseria officiale, perché officiali sono sapienza e religione. Le cause generanti le angosce della vita dovrebbero appartenere al dominio dell'una o dell'altra, e resta invece occulta nei misteri delle tenebre più profonde dell'empirismo scettico. La civiltà di una razza grande e progredita comincia il giorno in cui l'uomo, scienziato o sacerdote, ha il potere di alleviare ogni dolore che ci opprime e ci spaventa. Tutto questo è anticristiano, lo so. Per tanti secoli ci hanno predicato che il dolore è umano, che oggi par di scrivere una eresia che la civiltà si avvia alla conquista del piacere di vivere!

Guarda le piccole cose. Entri in contatto con un uomo che non hai mai veduto, in un carrozzone di posta, in un caffè. Costui non ti ha né parlato, né guardato, né molestato — e tu te ne senti irritato come se ti avesse dato uno schiaffo un'ora innanzi. La tavola è apparecchiata, senti una fame da lupo, ma prima di entrare in casa presenti che la marmitta si è crepata sul fornello e sarai in ritardo, e dovrai attendere tirando moccoli a santa Vereconda che fu la prima a far pignatte. — Hai un figlio ammalato e tra la madre che prega la madonna e il medico che scientificamente te lo ammazza, tu indovini che mamma natura te lo risana.

Son cose di cui il vocabolario officiale già segna i nomi: antipatia istintiva, percezione premonitoria, previsione intuitiva: sta bene, ma forza intelligente e legge che manifestano tutti questi fenomeni sono occulte.

Guarda le cose grandi. Epidemie, guerre, inondazioni, terremoti. Scienza e religione fanno a gara per impedire i maggiori detestabili effetti. Ma chi doma, chi prevede, chi determina o ne limita le conseguenze dolorose? In forti epidemie coleriche e di febbre gialla, veri eroi della scienza si sono immolati ad un nemico invisibile che non si debellava. La guerra? chi l'arresta, chi la impedisce quando l'aura di sangue già respira nei polmoni di tutto un popolo? Che fanno scienza e religione innanzi a tremendi cataclismi della natura che ingoiano vittime senza tregua? La scienza si arma di esperienza e ragiona — la religione di preghiere pei morti, di fede pei vivi. L'occulto resta tale.

Dunque la leggenda anche appiccicata ad una bottiglia vuota può essere una sapienza occulta o arcana. Il vuoto dell'Arca Santa può contenere un Dio Onnipotente o un Niente — ma l'occulto è vero, è possibile, è reale, — e può essere un Dio che è il Niente.

(Un lettore) — Diventi empio.

— Non meravigliartene. Siamo sui margini dell'abisso in fondo al quale regna il sovrano Satana. Il quale è la scienza dell'occulto come Dio ne è la legge. La legge è universale. Il miracolo nella

11

legge non è possibile. Perciò il cattolicesimo è magico come culto ed è nato come una religione scientifica dell'Occidente. Dal punto di vista creativo della fede i teologi occidentali, metafisici sul tipo dell'Aquinate, hanno snaturata l'essenza del culto ed hanno avuto paura della Luce — basterebbero i due sacramenti del battesimo e della sacra unzione per determinarne il carattere sapiente — la messa dei morti per celebrarne la negromanzia[5]— la consacrazione nella messa ordinaria per evocare il Grande Arcano degli Alchimisti.

Interpola alle quattro lettere ebraiche che danno il nome di Ieve, una quinta, e otterrai la sigla dell'iniziatura gnostico-cristiana, Cristo, il Dio Uomo, l'Uomo che diventa Dio — cioè non l'uomo che procede dal padre ma che assorge alla podestà del suo Padre occulto e Grande l'ineffabile niente.

(Un lettore) — O empio!

— Empio e pazzo, forse hai ragione ed io ti ricordo il Credo; prima che il cristiano cattolico si avvicini ad un simbolo sacramentale del culto, il prete gli dice: Credi.

Io credo. Tutti gli uomini credono. Dallo spirito più forte al più debole, tutti i bipedi in calzoni e gonnelle hanno una fede. Chi non

---

[5] Negromanzia è magia dell'ombra dei vivi e necromanzia è magia evocatoria dei morti. L'iniziatura neo-platonica o conosciuta per tale, in cui Dante vi trasse il concetto dei suoi scritti voleva ancora servirsi di qualche rudere della lingua sacra, cosi molte cose di Vita Nova, del Con-vito e della Commedia ne portano i segni anche dove appare più chiaro il senso delle parole, come nel nome di Beatrice in cui vi è — per chi sa di che voglio parlare — l'indicazione della Rosa. L'Allighieri forse ebbe l'intuizione del Grande Arcano magico, ma certo non fu un operatore né un praticante. Il cosi detto neoplatonismo non le dette che pochissimi in due secoli — ma in compenso pianta poesia nel senso vero e classico della parola!

l'ha in una cosa, l'ha in un'altra. Chi in nessuna cosa, crede in se stesso. Colui che ignora le leggi dello spirito umano si genuflette innanzi alla arca santa del Niente, si fabbrica un dio, o dà una faccia ad un dio accettato dai più. Colui che nega il culto, ha fede nella pupilla del suo occhio che vede, nella mano che tocca, nella mente che ragiona.

Ma dimmi tu, o lettore, che fai di tanto in tanto il corno di caccia nell'armonia delle mie parole, dimmi tu, se l'uomo è sicuro dei suoi sensi e della sua ragione. Tutti gli uomini ragionano, anche i pazzi se tu penetrassi nella loro meningi. Da trenta secoli più o meno documentati, l'Umanità ha ragionato o pretèso di ragionare. I documenti della giustezza della ragione umana ce li presenta il continuo rinnovarsi delle società politiche, lo scempio di famiglie e razze, la potente ingiustizia che divide fratelli da fratelli, e ci rende succubi dei conquistatori. Chi ti garantisce che ragiona oggi questa vecchia umanità che ha presunto ieri come ora della sua infallibilità ragionata?

Ecco perché in materia di spirito devi credere: l'assurdo nella conquista dei veri della divinizzata bestia umana è il fondamento preciso delle religioni fatte per le masse quando l'olimpo era più vicino alla terra ed ora che è lontano dal sistema planetario per miliardi di milioni di chilometri.

Sai tu che cosa è il tempo? Non lo sanno neanche gli svizzeri che fabbricano gli orologi più economici.... L'uomo lo trascorre come idiota tra la ambizione di prepotere sui suoi simili, la concupiscenza della femmina e la paura dell'imprevisto. Se si persuade della sua impotenza diventa filosofo ragionante o mistico. L'arcano della follia lo mantiene sulla breccia impavido contro le disillusioni e le miserie della realtà. Lavora a distruggere se stesso ogni istante, senza tregua, quieto che un enimma, esista ancora insoluto per lui.... lo spettro di una penitenza redentrice sì affaccia alla sua mente come un'oasi, oppure aspetta che gli altri facciano per lui. (Un lettore) — Giudichi senza pietà.

— Lasciami parlare. Parlo io, parla Satana, parla la scienza della Fede e fa l'elogio accademico a quei primi padri parrucconi che nel primo, secondo e terzo secolo ne scrissero di tutti i colori sulle cose sacre della religione che trionfava di Roma imperiale. La scienza officiale fa la sua entrata nel regno delle tenebre con lo studio di due poteri satannici che possiede l'uomo, la potestà fantomatica e la esteriorizzante le forze magnetiche o vitali.

Sai tu perché si chiamano satanniche? Perché il valore della parola satana non è nota ai cristiani posteriori al terzo secolo, ecco perché il famoso Pape satan aleppe non è stato capito ?

Una radice Sat corrisponde all'organo generante negli animali mammiferi maschi[6]. Le impulsioni o le accorciature di esso erano prese come i movimenti normali, sotto determinanti eccitazioni delle potestà nervose o delle aure nervose dell'uomo, per mezzo delle quali l'uomo proiettava fuor di sé la sua ombra. Un simbolo cabalistico dello sdoppiamento fluidico dell'uomo è restato l'ombra della mano nell'atto di benedire, su di una parete bianca[7]. Da quest'ombra viene l'origine della parola Maria, che i commentatori cattolici all'acqua di lattuga vogliono tirare da amaritudine maris;

---

[6] I Romani lo presentavano come il dio della fecondazione e della prosperità. Vedi a Pompei, nella parete del vestibolo della Casa dei Vetti v'è una pittura curiosa, in cui si vede il mostruoso dio pesato in una bilancia. La pudicizia archeologica del governo italico, per non esporre gli antichi storici falli, l'ha chiuso con un telaio di legno, di cui il custode apre la porta se vede che il visita-tore non sì spaventa.

[7] Metti la mano nell'atto di benedire e lascia proiettarne l'ombra sul muro e avrai in nero un diavolo cornuto.

invece Mara nella religione piromagica dei Parsi è restato a significare l'ombra, da cui Maria potestà dell'ombra proiettata fuori del corpo umano. E nel senso magico letteralmente corrisponde alla Adda Nari degli indiani che dal busto caccia quattro braccia con relative mani che portano i quattro colori delle carte da giuoco, che sono quattro strumenti della grande alchimia, cioè lo scettro, la coppa, il pugnale, la moneta. Se gli studiosi di fenomeni medianici in Italia, e tra questi ve ne sono di illustri, guardano la immagine dell'Adda Nari, si convincono che fino dall'epoca in cui parlavano gli uccelli e le belve, l'umanità sapeva che l'uomo e la donna poteva emettere altri organi oltre ai normali per compiere un prodigio.

L'Astarte con tante e tante mammelle dai capezzoli eretti[8] sul petto ampio era l'identica plastica immagine del potere dell'ombra. La Maria cristiana l'hanno snaturata un po' troppo i teologi bizantineggianti e la plastica greco-romana, anche perché come Paolo cominciò a predicare l'essenismo, dette al primo appello troppo il carattere servile dei ribelli, poveri, semplici, lacrimevoli. La sua assunzione in Cielo pare fatta pei troppi meriti del figlio Cristo che le impose il carattere della verginità. Ritornerò su questo argomento curioso quando parlerò dell'Arcano della Papessa. Per ora mi limito ad accennare agli sperimentatori che uno sguardo intelligente alla demonologia medioevale non è inutile quando si fanno esperienze che paiono nuove e sono più vecchie dell'uva passa. La Lilith che tutti i rituali stregonici e le maledizioni e gli esorcisti citano era una diavolessa succuba che non temeva né l'acqua santa né i più terribili salmi, e acquistava forme strane e violenti indipendenti dalla volontà del suo amante di una notte.

---

[8] I caporelli delle mammelle sono erettili e perciò presi nella significazione satannica.

Come l'Adda Nari e l'Astarte rappresentano nel simbolismo magico e religioso le proprietà di esteriorizzazione delle forze occulte, regolate e volitive e coscienti, così Lilit rappresentava l'irregolarità della esteriorizzazione su cui non aveva presa neanche la volontà inibitiva o del soggetto o del magnetizzatore. Una forma di grande isterismo con fenomeni epilettici di grande efficacia[9].

(Un lettore) — Bravo, cominci a dar ragione ai clinici....

— Non alla dottrina che ne deducono. I pochi casi dei medium che hanno sviluppato naturalmente il potere satannico dell'ombra non può permettere che sia già creata una dottrina dei fenomeni esaminati e accettati.... Ci vorrebbe per esempio che un medium singolare evocasse Ibanima che tu, il sesto pontefice della dinastia sacra per tirargli dai visceri il secreto di dare la potestà dello sdoppiamento a tutti quelli che lo vogliono acquistare — sdoppiamento completo della propria ombra o parziale di sole forze e allora si che la dottrina verrebbe... ed accompagnata anche da una legge che impedirebbe di scriverne di scienza occulta.

Poiché questa scienza è esistita da quando cessò di essere arma e potere sacerdotale. Né si limita alla metafisica, né è una religione — tanto meno è la teosofia che si va propagando in Europa quasi che il tipo Budda potesse dimostrare che è giovato in qualche cosa agli orientali. Questa scienza è Magia; nome discreditato, ma unico e semplice che risponde alla cosa che è: Mag è il potere di uno stato di trance attivo: non trovo come spiegar meglio una cosa che pochi possono intendere: è lo stato di trance automatico, volitivo dell'Ombra in tutte le sue esplicazioni e realizzazioni. La Magia è

---

[9] Isterismo epilettico più spesso— perché l'epilessia era morbo sacro, ma lunatico, cioè pas-sivo: considera la luna come l'utero della natura naturata dei filosofi, che sulla crescenza e decrescenza delle cose agisce.

scienza ed arte — nello stato di semplice dottrina dà la chiave dell'arte operatoria dei propri attributi[10].

Gli ebrei nella servitù faraonica ebbero molto ad imparare e la magìa divenne palesemente di forma ebraizzata in memoria della prigionia in Egitto, che nel mondo antico rappresenta l'anello di congiunzione tra l'oriente e l'occidente e l'antichissimo e il meno antico. Quel Mosè salvato dalle acque e segretario privato del padreterno, possedeva una verga che cangiandosi in serpente divorò i serpentelli vomitati dalle verghette degli altri maghi. Questa è leggenda che il cristianesimo aiutò a diffondere elevando un piedistallo alla magia orientale, per andare ad approdare al simbolo della visita dei re magi alla grotta di Betlemme, per dirci e ammonirci che col trionfo del Cristo i maghi inguainavano le bacchette di comando — commise l'errore di far morire il Cristo in croce per far leva nella massa anarcoide dei vilipesi, e profetare una vendetta divina sul martirio sociale patito!

Non pertanto anche la croce resta un simbolo magico eterno: l'uomo alla conquista dei suoi poteri divini, la reintegrazione del potere di comandare agli elementi fisici, alle passioni umane e ai satanassi delle ombre umane.

Poiché tu, o lettore, che spesso interrompi il mio prologo, con le stringhe sottocutanee di scienza e le iniezioni endovenose di cristianesimo atavico, credi alle virtù problematiche della Santa morale dei conviventi di monache dismenorroiche e di frati pasciuti

---

[10] Spiritismo e tutto il bagaglio fenomenico dell'ombra sono compresi nelle applicazioni del potere magico, intorno e contro il quale abbaiano spesso gli stessi che si consolano quando vedono un medium, che è passivo e spesso lilittiano, far cose che paiono miracoli e sono invece fenomeni della legge universale dell'uomo.

— le virtù nell'uomo sono tutte reintegrazioni dei poteri perduti, e non esistono virtù senza potere.

La scienza dell'occulto è una pertinace via e cruda per conquistare poteri attivi, volitivi, intelligenti. La religione invece porta alla santità, alla grazia, cioè all'ottenere senza sapere da chi, e come e quando.

La vita umana è eterna.

Ottanta secoli fa io era medico nel Celeste impero....

Un lettore ridendo: — Ecco che ridiventi matto.

— .... ed ero allora matto come oggi. Eterna follia della luce, della verità, che stende una mano nel sole e una nella luna e cambia nella legge uniforme ed eterna il corso delle noiose manifestazioni di un cammino che ha sempre il suo ritorno, puntuale come l'appetito dei poverelli! Se umanità tu immagini senza la sonante, gloriosa, immensa follia della scienza di satana, tu cangi le lagrime e il riso del mondo in un pantano in cui la cretineria normale sbadiglia. L'ennui naquit un jour de l'uniformité. È il pazzo che domina la scena nei grandi quadri del mondo, cammina, attraversa secoli e vie, muore sul patibolo per liberare una generazione che poltrisce sotto la sferza della servitù; s'infanga fino alle gote per compiere un'opera di giustizia che nessuno gli riconosce. Diventa oggi un ciarlatano, domani un uomo politico, dopo predicherà contro la guerra e i sovrani che l'alimentano. Cammina e un cane gli morde il polpaccio: la necessità della missione gli è compagna e lo sprona. Muoiono imperi e dinastie — si fondono razze vecchie e nuove e sul monte più alto il pazzo guarda la umanità che si tormenta, attraverso le lenti del destino che gli impone il cammino.

È il grande arcano del potere: non è un uomo, non è un dio. E la fatalità della scienza che dice alle turbe: non lasciatevi tentare dalla mia pazzia, io sono l'inverosimile.

Così muore e rinasce in quest'orbe dove tutto ritorna; ritornano piante ed animali, ritorna l'uomo, l'amore perduto come la primavera, la vecchiaia silente come l'inverno, le ore tragiche e le liete, le anime buone e le buone parole. Quando l'ingiustizia acquista le parvenze di virtù v'è il pazzo che ride; quando l'ignoranza nega la verità, il pazzo piange.

Sorge e tramonta il sole.

Il libro degli arcani comincia, perché il prologo del pazzo è finito.

Nizza - Ottobre 1908.

Giuliano kremmerz.

IL PAZZO PRELUDIA ALLA PIROMAGIA[11]

Confessa una donna: Sono imperfetta. Ho amato. Mi sono pentita. Genuflessa innanzi al Crocifisso ho gridato perdono. Dalla corona di spine del redentore degli umili, una candida aureola mi ha portato il perdono. O sublime visione della bontà nazarena, grazie, grazie, mille volte grazie, le lagrime di gioia scorrono sulla mia carne, mai più peccherò di amore, mai più. E non poteva aver presa su di me la seduzione; l'alito indefinito dell'Incarnato aveva perdonato e redento. Ma non so come, non so perché, una sera di primavera, tiepida come un bagno profumato, dimenticai tutto, promesse, pianto, perdono. Nell'aria il demone aveva, in invisibile polvere, cosparso un filtro; appena ricordo il paradiso di un sogno breve; ricaddi nel peccato e la notte ai piedi della stessa croce pregai e piansi. O sublime volontario martire, che la barbarie distruggesti con la parola Carità, abbi pietà di me, la mia carne ha peccato non io, io era assente, io non vedevo, non ricordavo, non sentivo più che tu eri là. Chi mi perdonerà ora che ho violato la promessa, che ho spergiurato a te, al tuo sangue, al tuo martirio?

La faccia del Cristo rimaneva immobile, solo sulla sua bocca pareva errasse un sorriso di penoso disprezzo. E' vero, mio Dio,

---

[11] È un altro capitoletto del libro degli Arcani Maggiori di cui pubblicammo il prologo a pag. 134 e seguenti. Secondo i cabalisti le settantadue parti della verità assoluta sono nascoste nei settantadue nomi divini. Il pazzo illustra gli arcani dai tarocchi accennando alle porte iniziatiche che corri-spondono alle forme cabalistiche. La Piromagia o magia del fuoco, simboleggiata nei misteri con fiamme e pire, è la porta passionale dell'amore. Questo preludio all'Arcano Maggiore di Venere dovrebbe essere il seguito degli Elementi di Magia Naturale e Divina pubblicati nelle annate 1898-1899 del Mondo Secreto, e che l'autore sospese al pianeta di Mercurio.

sono vile, sono stata la più vile delle femmine, io ho disubbidito a te che sei il giusto.

Ma mi venne una parola sul labbro: ma perché ci hai tu create così imperfette, se l'amore è un peccato? Perdono! Perdono! ho bestemmiato, ho trovato la tua opera imperfetta, che i tuoi fulmini mi distruggano, io ho osato ai piedi tuoi riversare su di te la causa del mio peccato, della mia debolezza, della mia colpa... e lo guardai una seconda volta, mi pareva che qualche cosa stesse per animare quelle gote scolpite nel legno massiccio. Oh! il miracolo! La faccia giallognola si colorisce, la pupilla scintillante è molta a me, le labbra si schiudono, una parola esce calla sua bocca, leggiera, come un batter d'ala di farfalla, una parola mi colpisce. Sono pazza. Sono ubriaca di dolore? il fulmine del castigo ha squassato il mio cervello? ...egli ha detto ama? Ma allora tu non sei il Cristo, tu non sei il figlio della Vergine, io adoro una apparizione di menzogna, è il demone del male che ha preso la forma del cruciato? Ma,o ho peccato prima di amare, poi ho bestemmiato la opera del padre tuo, ho detto che ci hai fatti imperfetti.... e tu dici ama? Stupita, perplessa, come un'anima sull'orlo di un precipizio immane, caddi come svenuta ed Egli mi apparve e parlò. Le sue parole mi suonano ancora all'orecchio, una per una, scandite, lentamente pronunciate, solenni e gentili: O anima dolce di candida tortora, tu mi fai pena, sento per te la più grande carità. Tu non mi riconosci, io ho sempre detto agli uomini, amate. Perché ti avvilisci e ti disperi? Ama, io non perdono a coloro che non amarono. E svanì... o dubbio, svanì il sogno, il Crocefisso era là, inchiodato, giallo impolverato, quello del sogno, della visione rapida era il Cristo o il Nemico?

Ricordo a te, lettore, caustico spettatore di questa commedia filosofica, che pochi secoli fa fui monaco a Gubbio.... l'epoca della rinascenza, v'è un libro che stampai allora con su la mia arma gentilizia, un sole.

(Un lettore). — Anche monaco! bravo il matto... ma monaco di messa e stola?

— Non ridere, fui monaco di penna e se non m'avesse seccato un priore a quest'ora darei, di stucco o di legno, bella mostra del mio capo pelato convertito in un santo miracoloso. Ricordo tutto e alla bella creatura che mi parla cosi parlo come un monaco di grande penitenza:

— Devota e pia signora, tu meriti di essere arrostita viva, sulla divina graticola di Lorenzo. Ogni parola tua, ogni pensier tuo è immondo: basta dire che tu non riconosci la persona che ti apparve. Sei nel dubbio? Era il Cristo o il Lucifero?

— Non so....

— La sua parola ti seduceva?

— M'irradiava,

— Il suo sorriso era un invito al peccato?

— Una promessa dolce come una carezza....

— Sciagurata!

— Era il diavolo, padre?

Non rispondo. Chi deve affermarlo? io? ma se la domanda io non la facessi ad una povera donna che le alterazioni del mensile isterismo mette nell'incertezza della sensibilità visiva, e l'avessi rivolta allo stesso Cristo, si sarebbe riconosciuto Egli che a furia di ragionamenti di preti e filosofi, di vescovi e di miscredenti, ha fatte le più tipiche comparse sulla faccia dell'Occidente civile?

— Allora parliamo sul serio, carina mia.

L'amore, nella sua integrità, è una iniziatura sublime. Basta amare per affacciarsi sull'abisso dell'infinito. Tu non mi capisci. Per capire bisogna che tu ti senta di fronte a questo sublime ignoto, trepidante, trascinata in una zona che è l'inverosimile nella materia vivente, in cui tutta te stessa e tutto il creato in te, vibrate di un moto che nessun meccanismo che non sia l'animo dell'uomo può dare. L'hai provato? puoi provarlo?

- Ed ho provato così.... così ha peccato la mia carne...

—Spirito o carne? ma se tu in quel momento hai saputo distinguere dove comincia lo spirito e finisce la carne, tu non sai che sia amore. Spirito e carne non esistono. Lo spirito lo troverai in ciò che diceva Pasquino ai Papi, e la carne di vitella nelle rosticcerie. Noi siamo materia: carne, sangue, nervi, cervello, midollo allungato sono materia. Il pensiero è materia. L'anima è materia. La luce è materia: è uno stato di essere del combustibile, chiamalo olio, petrolio, apparecchio elettrico, la luce è uno stato di essere della materia. Esaurito il combustibile, niente luce. Perché ti sei ficcato nelle meningi questo stupido paradosso che l'amore è dello spirito se tu non hai per spirito che la materia, una sublimazione della carne? non mi hai dettò tu che quella sera profumata tu non ricordavi più niente? In quell'istante, scommetto che tu amasti, perché non facevi la differenza tra il basso e l'alto. Dov'è il basso? dov'è l'alto? Se il mondo universo, infinito, non è che un circolo in perpetuo moto, dov'è il basso e dove l'alto? il drago è ai piedi del Mikael oppure gravita sulla figura capovolta del divino arcangelo giustiziere?

Povera e gentile donna, tu mi guardi stupita! ti stupisce il modo col quale io vede le cose: bisogna, se vuoi vedere il sole, che tu comperi un paio di lenti affumicate, se no, sarai costretta ad abbassare le palpebre. Non credere che io sia matto....

(Un lettore). — E' due volte matto.

— ... io non ho visitato che un sol manicomio e per tanti secoli e sempre lo stesso mondo della fede e della credulità umana — e ti garantisco che non manco di nessuna ruota del meccanismo cerebrale secondo le prescrizioni regolamentari della psichiatria contemporanea.

Tutto l'occidente è impestato di paolottismo cristiano.... e il cristianesimo finge di credere che l'uomo vada a scuola fino a venticinque anni, viva di stenti, di disillusioni, di amori insoddisfatti, di politica e di reumatismi altri trent'anni, e poi se ne vada ad aspettare che quelle tali trombe della pazzia apocalittica suonino il finis mundi. Quasi questo non bastasse, Budda si affaccia all'orizzonte: rinunzia alla vita, non desiderare, non amare, non volere, non essere. L'uomo fra tanto nasce, cresce, declina, muore, rinasce, ricresce e continua e migliora: migliora per la propria esperienza, in edizione perpetuamente rinnovata. Il fondamento astrologico caldeo concepisce il ciclo visibile come legge della vita universale. Come il sole sorge e tramonta, cosi le piante, gli animali, l'uomo, ogni forma terrestre — perfino i microbi che i caldei dovettero conoscere, perché i diviahi sono demoni impercettibili di malattie innumerevoli che si allontanano (e non si distruggono) coi vapori di zolfo e pece.

Se in ogni primavera un albero si riveste di foglie in ogni rinascita lo scheletro più sublimato della materia umana si riveste di nuova carne, ed ognuno di noi è uno dei tanti ignoti che attraversa i secoli da che mondo è mondo. Vero trionfo del carnevale, il mercato umano si scappella innanzi al giudice di oggi che fu il delinquente di ieri e si sprofonda a commentare l'oratore della facile parola che trincia politica, lo stesso che ieri fu ciarlatano alla fiera.

E' un gran bene la perdita della memoria con la rinascenza: il fiume dell'oblio se non l'avessero inventato i pagani, lo dovremmo inventar noi. Lo chiamarono Lete, da cui letizia che è oblio delle pene. Tutte le religioni ebbero origini sacerdotali. I sacerdoti in casta non ebbero che un unico nemico, ritorno; e il cave canem aristocratico e sacerdotale romano, insegnava che bisognava guardarsi dal cane-volgo, cane-popolo, cane-plebe, e contribuiva ad avvelenargli quel po' di esistenza che gli restava. Il Cristianesimo paolotto rappresentò la rivoluzione dei poverelli contro le antiche teocrazie, ma non tardò a prendersi una rivincita infernale sui poverelli stessi quando intossicò la loro vita con tutti i demonii e le pazzie che scrittori da manicomio, volgarmente chiamati Santi Padri, vomitarono sul popolo più cane che prima[12].

---

[12] Le profonde cognizioni degli antichi ordini sacerdotali sulle miserie dell'anima umana furono un corpo di scienze complete di psichismo, perché le teocrazie non ebbero di mira che il dominio dell'uomo per mezzo della sua anima. Il cristianesimo paolotto nacque e si diffuse come una ribellione e una rivincita — poi la chiesa assorbì senza la scienza dell'anima umana i poteri delle antiche teocrazie e impedì che il problema spirituale fosse discusso e investigato. Ecco perché ai grandi progressi del mondo contemporaneo in tutte le arti e le scienze di investigazione non rispondono ancora eguali progressi degli studi psichici, ancori infantili.

(Un lettore). — Ma sei tre volte matto.... e Francesco d'Assisi?

— Lo conobbi, lettore amico e ipercritico, brava persona, un anormale psichiatricamente, fu uno dei tanti che volevano realizzare il tipo paradossale del Cristo per quella malattia epidemica dell'imitazione che è caratteristica dell'uomo e della scimmia — e fu il meno santo padre degli altri perché subì il mondo che gli avevano fatto trovare concreto[13].

La storia scritta e documentata delle pazzie umane si legge nei tempi di tutto il mondo civile e incivile. L'uomo ha avuto sempre un nemico implacabile, il Dio che gli hanno apprestato i suoi sacerdoti. Un dio sempre che ha protetto i re e i preti — fino al cristianesimo che non seppe far di meglio. L'uomo che ha vissuto, comprende in sé l'uomo storico, e va alla ricerca di un dio più logico, più umano, più vero, starei per dire più cristiano, se non avessi paura di preparare un nuovo vaticano. Dice l'uomo storico che è in noi, l'uomo antico che in ognuno di noi è reincarnato, io sono, fui, sarò, forma cabalistica anteriore e posteriore al Cagliostro; ed è bene che me lo conosca io questo dio che porto con me come l'anima del mio guscio di lumaca terrigena.

La storia della vita passata è incisa sillaba a sillaba nel disco del fonografo umano, dell'uomo vivente. Non è il Karma, secondo la concezione buddica, è la memoria istintiva di tutti i dolori, di tutte le pene, di tutti gli spasimi, che ripudia ogni rifiorire di vecchie litanie di privazioni e immolazioni dell'essere e aspira alla

---

[13] La mirabile imitazione del tipo Cristo che si riscontra nel Santo di Assisi è tutto un miracolo di sublime fede. L'influenza del Santo e dell'esempio fu grande nella civiltà nuova, è fuor di dubbio; ma come fu dolcemente ignorante quella fede sui destini della società umana.

concezione della vita di uomini associati, dopo che si sono integrati nei loro poteri naturali e satanici.

I ricorsi storici del Vico vanno spiegati con l'identità storica occulta e costante degli uomini che fecero la storia anteriore a noi. I dolori umani e sociali hanno profonda radice nella coercizione dell'anima storica di ogni individuo. Le manifestazioni incoscienti dei fanciulli sono i caratteri generali della loro opera antica. Il fabbro di tante vite si fa obbedire dal ferro; gente che non ha visto il mare, si sente nelle vene il diritto di dominare le onde; donne poverissime hanno il senso della eleganza più raffinata. E' impossibile che un mercante che abbia un'anima storica di mercante più o meno fenicio non sia un mezzo ladro. Come mai la gente non si domanda perché alcuni giovani che hanno in questa vita studiato molto poco, diventano subito dei giureconsulti o dei medici, o degli architetti famosi quando l'hanno appresa tutta la roba che spiattellano ai venti?

Si perpetuano perfino i tratti singolari di certe fisionomie. Vedili nelle case regnanti. Il naso borbonico per esempio è certi baffi che spunteranno fra poco[14].

Ma, cara signora, buona sorella, ritorno a te.

Se sai che cosa è l'amore, non fai peccato.

Se il cristianesimo l'ha svisato e Cristo fosse davvero quello che idealmente s'immagina, Cristo sarebbe contro la chiesa — la quale chiesa per secoli ha assunto le funzioni di un istituto sociale e nello stato cristiano ne regolò i costumi.

---

[14] Se accertassimo con un' "anagrafe" occulta che noi (cioè collettività) siamo sempre gli stessi sotto maschere diverse, ci potremmo mettere d'accordo per renderci meno aspra la vita.

Quindi sagramento l'amore. Lo sagramentò perché doveva creare la famiglia cristiana, la quale noi non sappiamo concepire neanche per un momento come cosa capace di essere abolita, senza vederci innanzi lo spettro dell'anarchia[15].

Ora lascio ad altri matti che se la sbrighino con la società costituita e studio e spiego pedestramente a te se vuoi iniziarti agli arcani della grande magia dei miracoli nella Legge della Natura, come una delle maestose porte dell'Arca è l'amore. Ma devi intenderlo come io lo intendo.

L'uomo normale[16], nella normalità delle sue manifestazioni, non ama nel senso divino. Soddisfa alle necessità dell'appetito mangiando e digerendo. Costui è tutto di materia ponderabile. E' tutto ventricolo e accessori. Se desidera una donna o una cotoletta alla milanese, vuoi dire che ha appetito dell'una e dell'altra. Digerisce tutte e due le cose egualmente. Se gli mettete innanzi agli occhi l'obbligo di mangiare una sola cotoletta per tutta la vita, si adatterà. Ogni volta che avrà fame ricorrerà alla pietanza che gli è permessa.

Quando ne sarà stufo, aborrirà la bistecca per raspare nella immondizia e nei detriti della via un qualunque rifiuto delle mense altrui.

---

[15] Il sagramento del matrimonio portò per reazione il sabato osceno delle streghe. Bisognerebbe indagare da dove ci sia venuta in occidente quella pestilenziale utopia di volere l'umanità (consorzio) aspirante alla negazione della società per solo vincolo di amore.

[16] Noi abbiamo tipi di degenerati e di anormali. Dovremmo avere il tipo generato normale. Lo immagino come il perfetto automa vigente che non compia nessuna funzione animale senza il regolamento. Auguro che nessuna bestia di tal genere sia tra i miei lettori, se no griderei: povera prosa mia....

Facciamo di costui un iniziato all'amore! E' lavare la testa all'asino.

L'amore comincia ad acquistare il carattere, sacro, quando mette l'animo umano nello stato di mago di trance.

Materia più grave è materia più sottile sono prese nell'uomo da uno stato dì magnetismo così profondo che comincia prima la intuizione e poi la sensazione di un mondo che non è umano, ma che nell' ipersensibilità di uno stato di essere speciale attinge ad una fonte umana.

(Un lettore). — Qui sei astruso... fuori i lampioncini, spiegati più chiaro.

— Ecco qua: parlo come un libro stampato.

Per conoscere ciò che è la cosa, bisogna essere la cosa stessa. Se tu in magia vuoi conoscere che cosa sia il cavallo, bisogna che tu ti senta cavallo. Se invece resti bue e io ti parlo del cavallo, tu non capirai. Bisogna pregare la mamma Venere che ordini al suo divino Cupido di scoccarti nel torace uno straletto avvelenato del dolce veleno. E non deve scoccarlo solo su di te ma anche su una di quelle creature che abbiamo il dovere di adorare e proteggere perché sono più sensibili e più deboli di noi, una donna.

Io premetto che tu non sei un uomo normale. Me lo immagino, e lo spero perché se fossi tale non leggeresti la prosa di un pazzo. Ora lo strale dì Cupido non farebbe rivolgere la tua prima intenzione alla bistecca e messo in presenza di Lei (o quel pronome fatale...) rimarresti in uno stato speciale di estasi come santa Chiara e le altre non hanno avuto mai.

Rendile più intense quelle estasi, muto, senza desiderio, e tu ti allontani da te per afferrare l'anima dell'amica che si trova nello stesso stato.

Bada bene, inchioda il tuo corpo su di una seggiola e fa che l'altra, Lei, sia inchiodata alla sua.

In un senso infinito di trance se è passiva, di Mag se è attiva, voi vi direte un mondo di cose belle, vi farete un racconto delle mille ed una notte e... siete in completa zona astrale, nella zona dove vivono le anime, cioè, in lingua povera, in un campo mentale dove la materia pensante sottilissima e meno grave tua, entra in contatto non solamente con la materia pensante e sottilissima e meno grave di Lei, ma con tutti i corpi, entità, angeli, eoni, costituiti dalla stessa materia che possono logicamente entrare in contatto coi vostri tentacoli.

Direbbe un santo padre: il diavolo ha messo fuori le corna. Proprio così. Sembra la cosa più semplice del mondo e lo è. Tutti gli amori raffinati hanno istanti di magia amorosa.

Ma il difficile sta in due cose: nella bistecca e nel far durare intensamente e indefinitamente questo stato.

Qui, caro il mio lettore arguto, ti voglio far bene aprire gli occhi su di una burletta fatta ai papi e agli scienziati; l'alchimia, che è stata presa come la madre della chimica moderna quando invece fu un pesce d'aprile preparato e digerito dalla chiesa.

La quale si è assunta l'esclusività della scienza dell'anima Quindi nessuno poteva invadere il campo religioso.

Ma mentre i roghi bruciavano gli stregoni e i magherelli da strapazzo, quelli che veramente facevano la magia presentavano la vivanda adulterata sotto una forma metallica. Dissero:

La cristianità è povera — vi è un secreto per cambiare tutti i metalli grezzi e vili in oro.

I primi erano uomini ordinari (metalli); l'oro era l'integrazione dell'uomo.

Chi prese alla lettera accese i fornelli e preparò la chimica moderna.

Chi intuì la maschera trovò in quei libri due grandi secreti, quello semplice della magia conica e l'arcano degli arcani che nel sacrificio della messa, senza capirlo, è stato tramandato a noi dalla chiesa; cioè come mutare il pane senza lievito, con due liquidi della terra in. un dio visibile[17].

Parliamo della maggiormente facile delle due magie. La eonica ci deve trasportare in pieno Conte di Cabalis. Eone è essere. Eone o ente deve essere materia come è materia tutto il mondo universo. Eoni o enti devono essere intelligenti e quindi in perfetta analogia

---

[17] Se qualche prete cattolico vuol guadagnare un paio di scomuniche, non ha che ad occuparsi dei sacri riti nel significato originario magico. La gerarchia sacra è una forma di società iniziatica, in cui i gradi più alti dovrebbero saper tutto. Dicono che la messa sia l'ultima cena del Cristo, ma vorrei sapere se il bicchiere adoperato nella cena aveva la forma del calice. E messo in dubbio questo di cui neanche il Renan si è occupato, si dovrebbe investigare perché il colore di coppe nelle carte da giuoco e certi vasi degli alchimisti classici hanno tutte la forma del calice. E la patèna che serve a coprire il calice e che è il colore dì denaro nel giuoco delle carte e dei tarocchi, è forse il piattello in cui Giuda Scariota mangiò la polenta?

con l'umanità pensante e intelligente. Sono spiriti? — se per spiriti vuoi intendere creature analoghe agli uomini, ma viventi di materia più sottile della nostra umana, e forse più sensibili di noi, chiamiamoli pure spiriti. Ma se con questa parola vuoi intendere le anime dei morti, ti inganni. Quello là è regno vivo e non ha niente di lugubre. E' il regno della favola. Vi sono fate, orchi, divinità, geni, elfi... ondine, salamandre, silfidi, gnomi..., ninfe, satiri.

(Un lettore) — Anche satiri[18]?!

— ... pei quali è bene aborrire dalle bistecche. Se non che avendoti io svelato il come, ed il quando tu puoi entrare in questo mondo dell'inverosimile per la porta del divino Cupido, io non so come farti capire che corri un gran rischio all'inizio di questa magia. Il rischio di uscir matto davvero se non sei savio. Poiché la magia per questa porta dell'amore comincia veramente quando lo stato di essere del tuo individuo, permanendo nella intensità più inverosimile delle vibrazioni animiche del Pir o fuoco magico, separa l'amante che si vede con gli occhi fisici dalle entità astrali che si ammirano col senso delle corna allungate, con le fate e gli orchi della stessa zona a cui tu e lei siete arrivati.

O sapiente orecchiuto critico, lettore impaziente, che tutto vuoi sapere, che non batti mai le mani, in questo preludio credi che io ti abbia detto poca cosa e te ne ho detto molte di cose grandi, che nessuno prima di me ha scritto e che nessuno scriverà prima del disseccamento del sacro Nilo, dove i coccodrilli non meno sacri piangono i rospi mangiati vivi.

---

[18] Il paganesimo in molti miti personificò o, meglio, fotografò le diverse forme dell'anima umana. Satiri, ninfe, nereidi, najadi... sono simboli e realtà. Il cristianesimo ha calunniato troppa il paganesimo e le mitologie sapienti.

Con questo libro io aspiro al premio Nobel...

(Un lettore) come Marconi...

— Più che Marconi. Il telegrafo senza fili è una particolarità della vita sociale, abbrevia le distanze alla parola scritta. Io invece supero di mille e ottocento cubiti Cristoforo Colombo, un mezzo matto che scoprì un mondo nuovo alla vecchia terra; e quantunque io ti debba parlare in seguito dell'uovo di Colombo che mantiene ritti i pinnacoli delle antenne quando la navigazione è in piena acqua interoceanica, io scopro a tutta l'umanità che si dibatte in vane teosofie; tutte le porte di un mondo che, tenuto nelle grinfie delle teocrazie iniziatiche antiche, non si lascia visitare da quelli che fanno parole o professione di visionari mistici, o filosofi trascendentali che non menano che a vaniloqui. E questo mondo arcinuovo io lo apro a tutti gli Amerigo Vespucci e i navigatori portoghesi che si affannano ora a girare le coste di una terra ignota, per la quale non trovano l'accesso navigabile[19].

Io spiattello tutto con sincerità e con ingenuità.

Lo faccio perché il popolo sottratto ai preti di tutte le religioni, possa dire e cantare che il giorno della gloria è arrivato.

Non nascondo niente. Non faccio misteri. Lasciamo i misteri alle vecchie e consunte carcasse sociali.

---

[19] Questi scopritori invece di fare le poesie in prosa arzigogolando sugli scogli della fantasia indiana per vedere quello che non vi è, farebbero meglio a navigare senza parlare e a far la prosa coi lampioncini della ragione sottile occidentale. A furia di cantar frottole finiremo col crederle vere — mentre il vero sta al di là delle frottole.

Io dico, vivete, godete, gioite, integratevi, abbiate la forza di capire che i monologhi vani sono parole che imbrogliano le matasse.

Chi è il citrullo che non capisce queste cose semplicissime che spiattello per la maggior gloria del Dio vivo e vero che è l'uomo vivente, arca santa dell' Ineffabile Onnipotente, il Niente?

E dici che quei mattacchioni che assegnano il premio Nobel, non penseranno a me, che all'umanità apro il porto della salvezza dell'invisibile?

Oggi è di moda parlare dell'al di là: parola intraducibile del gallico idioma. L'aldilà potrei tradurlo: il mondo che sta di là. Ma l'avverbio là non è concepibile come un luogo topograficamente accertato senza aver definito un mondo che sta di qua. La scienza dei savi, caro lettore, non riconosce che un solo centro di vita, che non sta né là né qua, ma nel giusto mezzo, tra passato e futuro. L'universo è uno.

L'utopia del cielo, nascondiglio degli dei e delle anime, è una favola.

Le cose stanno qui, tutte qui, tutte in questo bellissimo e simpatico pianeta che se sorride ti manda un terremoto e se piange una nevicata orrenda.

L'invisibile sta alla portata dei nostri occhi. V'è molta gente che non ha perfezionato la vista e non vede. Io apro gli occhi ai ciechi e dico: vedete, eccovi tutte le settantadue porte della sapienza, ve le apro ad una ad una. Vedrete, apprenderete con l'esercizio pratico che potrete veder meglio. La teosofia la farete dopo, quando non avrete nessun bisogno di farla.

Tu credi che io sia davvero cosi, poco matto di non averti dato nelle mani una chiavetta per tentare la scalata al castello degli spiriti?

Ti ho preludiato dell'amore.

Tutte le scuole neoplatoniche italiane e provenzali dei secoli scorsi in Italia, in base a tutto quello che ti ho accennato, tentavano la magia eonica[20]. Il romanzo della Rosa, le corti di amore, i cavalieri erranti, Guerino detto il Meschino, i Paladini di Francia... scava dentro a queste cose che tutti i barbieri sanno e vi troverai il nespolo occulto. Gli eroi greci avevano in corpo l'Eros, un animaletto molto somigliante a Cupido. I cavalieri di Carlo Magno erravano per selve e montagne e subivano l'incanto di amore combattendo contro l'Infedele — il maomettano era il tipo dell'infedeltà in amore perché sì personificava in lui l'essere incapace della iniziatura dell'amore, perché mangiava solo bistecche, eternamente bistecche.

Più filosoficamente si chiamò neoplatonismo appena dalla cavalleria eroica l'iniziatura passò alla poesia.

Amor platonico

Evvi o non v'è?

Fuvvi ahimè!

---

[20] Che castigo di dio pei mariti e le mamme d'allora la magia del sangue, tipo Barba Bleu, rappresentò parecchi secoli dopo la reazione della forma platonica.

Morì Platone
E si perdè...

Vedere che l'umanità si sprofonda in salamelecchi innanzi ai nostri grandi poeti senza capire ciò che essi hanno scritto chiaramente è cosa da far rizzare i capelli anche su d'una tazza di porcellana! Tutti ebbero una donna ideale, tutti ebbero l'apparenza di tanti Florindi pazzi per amore, che sarebbero soggetti di psichiatria se non avessero voluto dire quello che gli altri non sanno leggere. Beatrice, Laura, Fiammetta... aprirono la serie che non finisce più. L'infiltrazione di questa iniziatura si estende e circola nelle cortili principi e prelati. Il periodo angioino a Napoli, la Corte Medicea di Firenze, quella di Este, quella di Leone X. Il Regno dell'amore prende il regno di Dio. Roma alla rovescia è Amor[21]. Ecco perché Dante prende a maestro e guida l'iniziato che aveva conosciuto e cantato gli eroi che tenevano in corpo quella tale freccia, aculeo che spinge e sprona. E Dante con un maestro siffatto prende le cose dal basso, e comincia il suo viaggio dalle porte inferiori, dalle quali per tante vicende arriva alla presenza del Padre del Figlio e del Santo Spirito, che giocando una partita alle carte in paradiso fanno l'occhiolino alla Beatrice o Bice, B e C... basta così e tiriamo innanzi. Porta Infera o porta magica dantesca che in modo diverso tu vedi raffigurata in certi ruderi nel pubblico giardino di Piazza Vittorio Emmanuele a Roma, ruderi di una porta bassa, che con segni cabalistici indica in che modo si entra per la porta di Amore, nel magazzino dell'ottico in cui la vista umana può cominciare il suo perfezionamento[22].

---

[21] Roma - Amor - Orma - Maro, furono nomi iniziatici della Urbe, che era il sacrario occulto, dove si faceva il caldo e il freddo. Quando il sacrario degli ascosi mari o labirinti sacri furono svelati, si sentì l'odore delle cene di Petronio Arbitro.

[22] Questa porta bassa ricomposta nei giardini della piazza Vittorio Emanuele a Roma porta i segni cabalistici della magia eonica, completi, per entrare o aprire la porta chiusa ai profani — e porta anche delle iscrizioni che non devi confondere coi segni,

Vedi che più pazzo di me tu non trovi.

Io ti dico tutto. Tolgo il velo ad Iside e te la faccio portare a cena dopo il teatro, e, dopo cena, alla camera nuziale.

Come vedi sono un matto di manica larga. Sai tu come nacque lo spiritismo magnetico In Francia con quel burlone di Alfonso Cahagnet? Un processo semplice, dice il maestro: prendi una giovanetta, mettila a sedere dinanzi ad un bicchiere d'acqua limpida, poggia la mano sulla testa di lei, prega il buon angelo che scenda sulla tua giovinetta e le faccia vedere... statti bene a sentire tutto quello che vedrà...

Allora si credeva al buon angelo. Oggi chi ci crede più? Queste veggenti vedono in una trance superficiale, e sognano ad occhi aperti tutto quello che passa nella zona dei pensieri umani.

Io invece ti ho scoperto il pianeta della felicità... e della verità.

Ama. Ama come il cavaliere leggendario quella bella creatura che sta chiusa in un castello di bronzo. Non puoi amare così che per grazia... tutte le sonerie del tuo castello devono vibrare come in segno che la tua anima si affaccia sull'abisso immenso infinito delle anime. Sullo stesso abisso si affaccerà l'anima di lei, e si apre il cinema invisibile al profano mangiatore di pollanche arrostite.

Lucifero (e non può essere il Cristo?) ti aspetta e ti può guidare se sai e non temi. Sei in piena piromagia o magia del fuoco divino. Perdi l'equilibrio? oscilli? tremi? eccoti che sdruccioli nella magia

---

perché i primi appartengono alla magia eonica e le seconde alla grande magia trasmutatoria o alchimica.

infernale, il fuoco divino perde la limpidezza e i vapori dei tizzoni e della pece ti avvolgono. Lucifero scompare e comincia a cantar lusinghe la voce dell'Efeba.

Ma a questo punto cessa l'intermezzo piromagico che preludia il maggiore arcano di Venere che dà l'iniziatura eonica: leggi bene, attentamente, non ubriacarti di vanagloria, e capirai i tre secreti: 1° come mantenere acceso intensamente il fuoco sacro; 2° come renderlo perpetuo e con quali carboni alimentarlo; 3° come col sigillo di Salomone celebrare le tue nozze con una fata, se sei uomo, con un Orco, se sei femmina, perché riviva la fiaba iridescente che gli uomini non conoscono ancora e fingono di non volere credere.

LA MAGIA DIVINATORIA[23]
I TAROCCHI
(Portici-Febbraio del 1905)

.I.

Nello studiare le Scienze Occulte procedete da idee semplici e chiare. Se lasciate briglia sciolta alla fantasia, all'immaginazione, troverete nella esagerata tensione del vostro orgoglio di aver raccolto un risultato nullo.

La Magia Naturale mette a profitto lo sviluppo della forze occulte che si trovano nascoste in ogni organismo umano. Senza esagerare, sviluppa quel che può e come può meglio le manifestazioni che le forze non coltivate in noi possono produrre.

Quando dico forze dico vibrazioni sottili, potenti e intelligenti del corpo umano preso in sé stesso come unità e nei rapporti con la natura universale. Il misterioso, il meraviglioso, il miracoloso è nell'orbita della natura e non di là o sopra la natura. Sono le pratiche di leggi ignorate dalla conoscenza umana che presentano risultati non spiegabili e prodigiosi nell'insieme delle tante manifestazioni sempre varie e sempre inaspettate.

---

[23] Questo studio che volgarizza l'astrusa filosofia della divi-nazione e delle arti divinatorie, comprendendole nella legge generale della natura sintetica, non volli mai pubblicare perché dis-sente in molte parti dagli scritti recenti e più antichi di altri autori non nostri. Dirò alla fine dell'opera perché mi è parso che ora aia utile presentarlo ai cultori italiani così come è.

L'ignoranza e la superstizione dei volgari sono disorientate innanzi a fenomeni che l'uomo stesso produce in condizioni eccezionali di cui non è facile darsi ragione.

Un mondo di là è frutto e creazione di tutti gli uomini primitivi che non possono spiegare fenomeni che sono non normali, cioè non facilmente producibili da tutti. Così furono creati i primi dii rudimentali dei selvaggi, così le religioni personificatrici di forze e leggi naturali. L'errore di attribuire alle anime dei morti i miracoli dei vivi, è antica e sempre giovane testimonianza della ingenuità dei volghi. L'uomo, che vola in un aeroplano è un dio per le persone che ignorano gli studii progressivi che hanno formato dell'aeronautica una scienza ed un'arte.

L'uomo inferiore, come spirito vivente, è stato preda delle istituzioni religiose in tutti i tempi e sotto tutte le latitudini. E' solamente da qualche secolo che la scienza ufficialmente riconosciuta liberamente investiga gli stati speciali di rapporto tra il pensiero umano e la materia e le risultanze di questi studi sono ancora piccole di fronte al grandioso intreccio di poteri dormienti nel nostro organismo; prima di conoscere le leggi del risveglio passeranno molti secoli.

I ciarlatani profittano dell'ignoranza delle plebi intellettuali e ne sfruttano la credulità - il misticismo che è la parte più fragile del nostro meccanismo psichico, per educazione, tradizione e storia, aiuta ed alimenta lo stato di soggezione a divinità vecchie e nuove. Dove non son creati di astrusi o sanguinari come in oriente, si creano gli spiriti dei morti, come in occidente. La Magia Naturale resta nella orbita della Natura contro le debolezze, in buona fede, di nuove rivelazioni a base di spiriti disincarnati che tutti salutano come la religione dell'avvenire. E sarà sempre una religione - cioè una confessione dell'ignoranza umana delle leggi naturali che regolano gli spiriti dell'uomo vivente.

Rispettiamo le onorevoli opinioni dei credenti perché le scuole cristiane ci hanno inoculata la strabiliante concezione che la Fede è nobiltà di espressione di anime pure e rette. La storia moderna comincerà quando una chimica nuova analizzerà e svelerà gli elementi animici che costituiscono individuo uomo e segnerà la fine di una lunga notte in cui l'uomo ha ignorato sé stesso.

.II.

Negli Elementi di Magia Naturale e Divina esposi e analizzai il quadro grandioso della concezione magica come filosofia dei sacerdoti di tutti i templi iniziatici e come illustrazione delle forme mistiche e religiose di ogni epoca.

Ora, nei miei scritti e nelle modeste conversazioni sulla magia, mi limito, nella forma più chiara e concreta, a far comprendere in quale proporzione queste teorie sono applicabili alla contingenza della vita ordinaria.

La Magia Divinatoria, per esempio, io credo utile di far conoscere nei suoi principi naturali fuori ogni illusione e ogni ciurmeria. Farò il possibile di essere limpidamente chiaro — se non riesco a tanto, i più intelligenti tra i lettori potranno supplire alla mia manchevolezza o far meglio di me questa volgarizzazione. Credo di compiere atto di civiltà e di scienza in momenti in cui le indovine fanno gran richiamo di proseliti dalle colonne dei giornali e tutte vantano facoltà profetiche e poteri chiaroveggenti, innanzi ai quali i sette savi degli antichi e gli Ezechieli della Bibbia, giudea arrossirebbero di vergogna.

.III.

La Cabbala, per chi non lo sa, è la filosofia delle leggi assolute e degli elementi immutabili della natura fisica, intelligente e mentale, della natura nella sua espressione concreta.

La Cabbala è formula ebraizzata della stessa filosofia orfica, egizia e pitagorica. La pitagorica è la più completa ma è più difficile per intelletti non esercitati. Dunque, in questa matematica di principi attivi e attivanti, il mondo Universo è concepito come una unita; è la unità più grande e la più assoluta, il macrocosmo. Visibile o invisibile nelle sue parti lontane, a cui l'occhio e il telescopio non arrivano, tutto ciò che è l'Essere immensurabile infinito della Unità più grande.

L'uomo (ricordate l'enimma di Edipo) è l'unità immensurabile ed infinita più piccola — è l'universo in piccolo, Essere breve, ma indeterminatamente profondo. E' il microcosmo nella vita della realtà concreta, finita ed infinita.

L'Essere unitario immenso è globale — l'Universo grande è il pieno, il riempito, il gonfio. Etereo o pesante, è complesso di materia: superbamente evaporante e determinante correnti di sottili intelligentissime forme e forze, moto, vibrazione, armonia. Dove ogni spostamento di molecole planetarie e stellari hanno un riflesso è una reazione sui limiti più infinitamente lontani del grande corpo.

Pitagora scriverebbe α (alfa), l'uno e il mille, il milione e l'infinito: il numero cioè, il valore per nessuna forza o concezione precisabile e limitata e pure limitato nella precisione del numero che è grafico e per necessità finito.

Bisogna intendere questo immenso che diventa finito, cioè determinato e delineato, per semplice virtù dell'espressione. Il numero che tutto contiene in sé è l'1, ma l'espressione grafica o orale è già concretizzazione dell'Infinito nel finito.

Di qui l'unità microcosmica, l'uomo.

Come la concezione del grande Universo è globale — cioè pieno — il piccolo Universo, l'uomo, è la profondità. L'abisso. L'abisso insondabile. Il quale non è l'Universo infinito nella unità collettiva planetaria e stellare, ma nell'universo piccolo, nell'uomo, nell'abisso immenso infinitamente piccolo della coscienza e della sua profondità, oscura a cui non si assegnano limiti.

Subcosciente, coscienza, incosciente, coscienza subliminale, individuo storico, personalità occulta, demonio socratico, passioni, angeli, medianità, follia, intelligenza, mentalità superiore, bestialità, istinti, memoria, sogni, visioni, glossalia, volontà divinizzante, virtù di ogni specie, vizi di tutte le categorie, ragione, sofferenze, gioia, amori, affetti, paure... in questo abisso vi troverete tutta la grande enciclopedia del Larousse.

Il microcosmo diventa nella sua profondità piccola e insondabile più sbalorditivo del macrocosmo, il quale non è nell'universo nostro piccolo così tangibile alla percezione nostra come il pensiero che in momento di buio lampeggia nella nostra psiche, e ci sbalordisce per la sua luminosità. Sondate nell'abisso e vi troverete la chiave delle religioni vecchie e nuove. Ne estraete gli spiriti dei morti di oggi e le tavole giranti; il diavolo delle chiese, gli elementi di tutte le umane follie, la mutabilità delle opinioni, l'ondeggiare delle fedi, il mistico evangelo del divenire, S. Ignazio di Lojola e le teorie della schiavitù o dell'anarchia. Procedete ora per esempi. La sintesi del microcosmo è il corpo umano. Oli organi interiori del corpo umano sono termini fissi, non mobili — non sono cioè capaci di spostamento nell'organismo sintetico. Il cuore, i polmoni, il fegato stanno nelle regioni ove compiono le loro funzioni particolari né si spostano: il fegato di un uomo non se ne va mai nella cavità cranica, né il cuore nella vescica, né il polmone al posto degli intestini. Ogni sintesi mobile è organismo a fattori o coefficienti fissi. Il macrocosmo, cioè il Mondo Universo, unità sintetica immensa, deve considerarsi come mobile (sinteticamente spostabile) nel contenente infinito, ad organi e fattori fissi, di mobilità apparente o limitata ad un'orbita fissa e determinata.

Nel microcosmo (uomo) la vita è il prodotto delle funzioni equilibrate dei suoi organi.

Nel macrocosmo (Universo) la vita è nell'attività dei suoi elementi, di cui ognuno è una sintesi organica (pianeti, gruppi stellari, sistemi solari).

Nell'uomo la lacerazione di una cellula epiteliale, la puntura di uno spillo, una pressione di qualunque punto periferico, determina una sensazione tattile, che può trasmutarsi in dolore, che fa vibrare anormalmente i centri sensibili e agire sugli organi e le funzioni — determinare uno squilibrio tenue o forte o fortissimo—le sensazioni non sarebbero che risultati di questi squilibri, stati brevissimi e rapidissimi che rompono la quiete funzionale della sintesi più piccola.

Nell'Universo qualunque alterazione, anche normale, della funzionalità dei suoi grandi organi, qualunque stato nuovo di condizioni di essere di un pianeta o di un sole lontanissimo miliardi di chilometri determina sul resto del grande corpo sintetico una, riflessione sensazionale.

Se la pressione prolungata su di un'arteria brachiale arresta la circolazione nell'arto e si riflette sull'organismo umano più o meno tenuemente — l'interposizione di un pianeta tra un sole e il resto del sistema deve modificare l'economia generale della vita planetaria, in quel sistema ove avviene e oltre il sistema per riflessione.

Così nella tradizione egizia presero origine l'astrologia e le influenze astrali nelle ipotesi del tolöm, il collegio sacerdotale che osservava le influenze degli astri.

Così nel microcosmo il mondo esteriore visibile determina le impressioni animiche e dall'abisso ignoto, fondo astrale dell'uomo[24], emergono forze, movimenti e vibrazioni insospettate. Così si stabiliscono le leggi della magia divinatoria.

---

[24] L'abisso di cui parlo più sopra, nell'uomo è il fondo astrale, la cui etimologia, come scrissi negli Elementi di Magia Naturali e Divina, è oscurità, quindi l'abisso profondo ed oscu-ro. La zona astrale nell'universo è egualmente zona senza luce, cioè nera. Gli altri significati dati alla parola astrale da spiritisti e dilettanti delle nostre scienze non hanno niente a fare col nostro linguaggio.

.IV.

Ho detto, cominciando, che lo studio dell'occulto deve procedere da idee chiare, chi mi legge deve comprendere che io insisto sulla disamina del semplice, che è fondamento del sistema nostro, per non generare confusioni e commenti devianti.

Molti scrittori moderni, specialmente francesi e inglesi, hanno scritto dei capolavori che hanno sedotto il mondo letterario, solleticando il desiderio latente in tutti di credere al meraviglioso. Maghi della penna, seguendo le volute fantasiose di immaginazioni bellissime, hanno ottenuto il successo di incantare i lettori in una esagerazione psichica che li allontana da noi. La magia della parola scritta o parlata trascina lettori o ascoltatori dove non sanno: il valore della cosa è mascherato dalla species dell'allettamento musicale della verbosità elegante. Se questi maestri dell'arte non avessero scritto e predicato dei grandi errori, includendo nella filosofia magica osiridea e maschia tutta la bacheca sfolgorante del misticismo di chiese, le idee elementari di una filosofia concreta come la nostra sarebbero intese con facilità grande.

La Cabbala è uscita dalle parole di questi grandi artefici del libro denaturata e complicata e lo studioso, dopo tanto leggere, per ritornare col mio invito alla semplicità di origine delle interpretazioni elementari deve demolire metà delle idee fatte e pasciute di belle parole.

La Cabbala è la filosofia dei sistemi religiosi filosofici e scientifici. La matrice delle potenziali. Matematica perché procede dal pitagorismo. Dal relativo monta all'assoluto per ridiscendere al finito e al temporaneo. L'uomo che ha l'abitudine alle idee complesse fatica a regredire al meccanismo mentale della visione delle idee semplici, non la capisce e, colpito nella sua boria evoluta, ne sorride come di uno scherzo incomprensibile.

Come libro misterioso è comprensibile, se si trova la chiave che la esplica, anzi le molte chiavi che la aprono a gradi; al secolo XV appare sul mercato librario e forma l'attrazione della gente studiosa che prevedeva e presentiva il Rinascimento nella letteratura, nella arti, nelle scienze, con quel soffio vivificatore e caldo di neoplatonismo che si avviava alla libertà filosofica oppressa fino allora dalle discussioni teologiche e sacramentali.

Dicono che gli ebrei e gli ebraizzanti l'avessero manufatta o ereditata nell'oscuro medioevo, e tenuta per un tempo secreta, sia accidentalmente passata nel pubblico. Ma quale l'origine sua vera e il suo autore? Chi la offerse in pasto agli intellettuali d'allora? Ebbe la forza di sedurre quanti ingegni eletti vantava l'occidente e la sua popolarità non ebbe confini; se ne occuparono flebotomi ed ecclesiastici, facitori di almanacchi e uomini che segnavano l'esponente più alto della cultura del tempo. Si trovò in essa la più sottile e sublime speculazione dei problemi insoluti, e l'influenza della superstizione più antica mista a quel tanto di aura alessandrina che rappresentò l'ultimo alito della civiltà seppellita dal cristianesimo trionfante. Le idee di Portino e di Giamblico si trovavano fuse e confuse con le meno antiche e le novità recenti pareva che avessero trovato il loro libro sibillino che l'avesse preparate e profetate.

Nella Cabbala, in quel periodo febbrile, vigilia di rinnovamento, parve che si trovasse la parola nuova. In Italia, in Francia, in Germania furono tutti d'accordo a magnificare quel nome. I procedimenti di magia, l'astrologia, le gerarchie delle potenze angeliche, le legioni dei demoni, l'evoluzione degli spiriti, le leggi delle idee e delle intuizioni, si cercavano e si ritrovavano là. Oggi non se ne parla più. Se non fossero gli scrittori di curiosità spiritiche e quelli che vogliono rinnovare la magia, in Italia i cabbalisti sarebbero i cercatori dei numeri al lotto e la Cabbala significherebbe imbroglio[25]. Oggi ogni persona colta di questo enciclopedismo superficiale che è base della cultura moderna non sa neanche per indizio quale influenza la Cabbala esercitò sul pensiero filosofico dell'epoca, sulla medicina e sui criterii sperimentali. Se ne occupò e ne scrisse Pico della Mirandola, emerse fuor Italia il Reuclino salvato dalla Inquisizione di Colonia dalla liberalità di Leone X, e il medico milanese, traduttore del Sinesuis, Girolamo Cardano volle dimostrare, dai principii della Cabbala, come l'intuizione dovesse preferirsi ai procedimenti logici per la ricerca della verità.

Bisogna riflettere che fino al Rinascimento, fino a Galileo, la Filosofia era lo scibile umano. Parole, assiomi e preconcetti dommatici di scuole. La medicina un seguito di diatribe velenose tra i medici filosofi. L'Alchimia non si manifestò al pubblico grosso che dopo la propaganda cabalistica — essa pur volendo ricercare ed ottenere cosa differente dalla chimica di oggi, ne diventò la madre. I primi sgambetti ai preparati galenici furono dati dal Liber experimentorum attribuito a Raimondo Lulli e dalle pozioni dell'oro potabile del veneziano Bratti, confermate dal Gerhard, dal Reinesuis, dal Lauremberg, per arrivare a quel punto culminante della rivoluzione medicoalchimista influenzata dalla Cabbala, in cui comparvero il Paracelso e i Von Helmont.

---

[25] Far le cabbale — è sinonimo di raggiro. Nel Novo dizionario universale della Lingua italiana del Petròcchi, alla parola cabbala è spiegato: l'arte d'indovinare i numeri del giuoco del lotto. Poi — Dottrina tradizionale degli ebrei che interpretava le Sacre Scritture. Pretesa scienza per indovinare il futuro ed essere in corrispondenza con gli esseri soprannaturali. V. ed. del 1909 (Fratelli Treves).

La Cabbala dunque contenne una vitalità filosofica che fu sorgente di indirizzi nuovi, e credo che ancora contenga un tesoro inesplorato alla cui sorgente bisognerebbe ricercare e attingere qualche cosa di nuovo e di utile. Certo per l'orientamento delle moderne ricerche, il suo studio contribuirebbe con un valore di grande efficacia a quel gruppo di dottrine in formazione che hanno per compito lo spirito dell'uomo e la materia, e non trovano il punto equilibrante in cui i due valori si compensano e si fondono[26].

---

[26] Questo io scrivevo nel 1905, dopo sedici anni si accenna a una nuova rivoluzione dello scibile, con le teorie nuovissime di Alberto Eistein a carattere matematico ma.... a contenuto schiet-tamente cabbalistico. La teoria della relatività, nella determinazione di spazio e di tempo, la concezione antieuclidea, le nega-zioni delle verità assiomatiche accettate come assolute, lo sfacelo della dottrina newtoniana e la concezione scientifica di una vi-sione dell'esistente in natura a quattro dimensioni formano un cumolo di percezioni.... cabbalistiche, che se non fosse stato pre-sentato con forma strettamente matematica e dimostrativa ai già convertiti superuomini del Collegio di Londra, da un membro ebreo tedesco dell'accademia imperiale di Prussia, non sarebbe stato neanche preso sul serio e assunto all'onore dell'audizione. Ora la portata di queste teorie nuove sarà immensa sulle scienze biologiche, sulla discussione dei fenomeni fisici e sui valori ca-povolti dei principi di base nei giudizi sulle esperienze scienti-fiche? L'intuizione prende un aspetto nuovo (che sia quella del Cardano che ha fatto sorridere?) e la causalità un carattere di precedenza. Al secolo XVI Eistein in parrucca avrebbe scritto un libro di alta cabbala, e i moderni ne avrebbero parlato come del Lulli e del Reuclerio.

.V.

La successione storica delle idee è imprecisabile. Nella umanità le idee generali si rincorrono e si rinnovano a cicli.

Quali siano i fochi di queste curve paraboliche per valutare i cicli, non si sa. Sono ritorni a gruppi di creature sparite con la morte e rinate a continuare l'opera iniziale di altri tempi? Sono palpiti o pulsazioni della zona colloidale dell'universo che espellono idee e immagini scomparse e non distrutte? Oggi, dopo un lungo periodo di discredito, reazionario, la vibrazione di un ritorno alla idea screditata della cabbala si risente; avverrà come al magnetismo, un nuovo battesimo alle idee perdute e alle ricerche future?

L'uomo ha sempre cercato il libro sintetico, poco voluminoso, capace d'integrare i problemi insoluti. Non una teoria, ma una chiave. La chiave della Cabbala è a ricercarsi come quella della Alchimia degli alchimisti e lassici, padri involontarii e insospettati dei dottori in chimica delle università moderne.

Il premio al rintracciatore della chiave è meravigliosamente cospicuo.

Il cofanetto in ferro, contenente la verità, è chiuso. Chi sa dove sia riposta la chiave? Ad un chiodo della dispensa? In fondo ad un pozzo? Nel ciottolaio di Calandrino? Chi trova, apra e rinchiuda, conservi la chiave con cura, perché non è lui che perderebbe il tesoro, è che il tesoro sarebbe perduto per tutti.

Il concetto cabalistico del secreto, il silenzio dei pitagorici che non svelarono.

Ieri si premoniva: nascondi la chiave.

Oggi s'invita il ricercatore fortunato, a porgerla come omaggio al Presidente della Grande Accademia delle Scienze dell'Universo, affinché tutti gli oziosi potessero imprestarla per conoscere la verità faccia a faccia e prostituirla.

Il diritto di proprietà è di ieri. Il possesso con un obbligo di servitù: conservarlo per sé, nasconderlo per sé, non farselo rubare. Come della lampada vecchia di Aladino. E fu logico; la magia era Ars Regia; l'Alchimia Ars Magna: su l'una e l'altra pesava la concessione divina. Il Filalete scrive il suo trattato magistrale di alchimia indicando l'entrata per accedere al palazzo del rè (Introitus apertus ad occlusum regis palatium). Far bene all'umanità è dei Rosacroce, ma scrigno chiuso e chiave in tasca. V'era una seconda ragione: la profanazione. Colui che possederà il secreto non lo donerà alle plebi: il tesoro del bene e del male si muta in un inferno di male elargito agli immeritevoli e la corona è perduta. Per arrivare al possesso, era necessario un merito. La filosofia della cabbala era realizzatrice di potere: Ariel e Mizrael li ho presentati nei loro caratteri di protezione e di lotta, con sincerità nella seconda parte degli Elementi di Magia naturale e divina.

Certamente l'orientazione nuova della scienza umana verso la ricerca e la investigazione dei poteri psichici è evidente; si tratta di un ritorno ciclico verso il campo inesplorato dei poteri dell'animo, non riuscendo i principii mistici delle religioni a soddisfare gli assetati di verità? Ma ricerche con criterii esperimentali, coi metodi stessi impiegati per lo studio di forze e fenomeni che non toccano il problema dell'animo umano, sono erronee e non arriveranno a svelare al pubblico curioso l'essenza dei prodigi che lo spirito vivente del uomo e della Natura manifesta alle persone dotate di occhi limpidi.

L'occidente a differenza del continente asiatico, è l'erede di tante forme religiose e iniziatiche che in epoche diverse, lontane e recenti, si sono sovrapposte fino a confondersi e ad assumere fisonomie strane. L'Europa è stato il crogiuolo dove si sono fuse queste forme diverse e l'analisi di esse, attraverso vicende storiche spesso rapide, diventa impossibile. La prima forma caratteristica greco-romana, procede per un ramo dalla origine etrusca e dall'altro dalla orfica più schietta che dettò all'Ellade le artistiche visioni mistiche della sua religione nazionale. L'assorbimento posteriore nel mondo romano delle religioni e forme iniziatiche dell'Asia fino al cristianesimo trionfante nella contemporanea penetrazione del culto di Mitra, di origine persiana, e della filosofia neoplatonica della costa nord africana, da Alessandria a Ceuta, contribuenti alla deformazione chiesastica e all'avvento del cattolicesimo, diventa in certo modo parte interessantissima della storia delle scuole filosofiche, incluse le eresie dei primi secoli e le fusioni dei scismatici di chiese nazionali. Il periodo arabo ebbe la sua parte di suprema importanza in questa miscela dove molte idee vennero assimilate perché la cultura ebrea, a volta semenza di ribellione ed a volta elemento di cementazione, serpeggia nel sottostrato delle manifestazioni cultuali, trovando il tratto di unione che le univa sotto una apparente divergenza. L'occidente è stato assimilatore eccellente di tutto il materiale che vi affluiva da ogni parte in quel periodo di oscurantismo in cui il potere chiesastico faceva paura. Ecco la ragione della non possibile disamina di tutto ciò che sgorgante dalle sette non arrivò alla superficie visibile che molto dopo e denaturata.

Noi siamo ora gli eredi di questa evoluzione graduata e sintetica del prodotto filosofico di tante differenti origini. In Italia la razza, provata a tutti i fuochi dei ragionamenti di maestri e innovatori del periodo meraviglioso della Magna Grecia, dopo la reazione esperimentale materialista, è allo stato scettico della ricerca di un polo diverso, mentre in Inghilterra, Francia, Germania, a carattere decisamente materialista o nettamente mistico, appaiono i primi coraggiosi saggi del nuovo orientamento verso i fenomeni che provenienti da un fattore insondato (psichico) colpiscono l'osservatore intelligente oggi, come in tutti i tempi avevano impressionato le umane creature ignoranti e paurose guidate dai pastori non meno ignoranti, credenti in dio e diffidenti del diavolo.

Questi tentativi arditi, direi audaci, saranno sorpassati da altri che correggeranno gli errori dei primi ma si muterà anche nel sentimento di larga concessione democratica della scienza di dare in pasto alla folla le cose che devono restare secrete per ragioni di necessità sociali e per difesa della stessa società umana che correrebbe al suicidio con la voluttà dell'inesperienza dei bambini.

La Cabbala ha bisogno di essere riconsultata.

Se la parola arcaica disgusta, datele un nome nuovo, ma studiatela.

.VI.

In Natura esiste, tra le forme, un legame indissoluto come tra tutte le sostanze. Questo concetto unitario del macrocosmo, unità universale, non è un saggio di difficile interpretazione dell'idea manifestativa della non separazione delle cose. La visione del Universo è relativa, ma dovunque e comunque armonica e di immagini legate e mai indipendenti[27].

Prego i lettori intelligenti di seguirmi in questa esposizione delle prime concezioni semplici che con l'artificio e la misura della parola scritta è tanto difficile di concretare, e di tener conto che non io desidero di divenire astruso, ma che gli elementi semplici delle concezioni ermetiche son tanto sottili che la materialità verbale ne guasta e altera il tessuto — e le idee chiare a cui ho fatto appello dal primo momento possono solo con precisione presiedere alla investigazione, per fare intendere le fondamentali e precise linee della Magia Divinatoria nella sua essenza primitiva, lontana da quell'oscuro ebraismo che fu origine di errori interpretativi e di superstizioni spregevoli.

Questa unità nella Natura esiste per impossibilità di separazione.

Eppure tutte le unità di forma e di sostanza, tutte le specie naturali, sono unità per le stesse solo perché istintivamente tendono alla separazione.

---

[27] Nella attuale teoria della relatività dell'Eistein, citata in una nota precedente, il concetto visionale è relativo. Universo nella interpretrazione cabbalistica è visione a una sola faccia. La rap-presentazione del cubo e della piramide ne fu in un certo senso l'indicazione.

Un esempio: l'uomo. L'egoismo ne conserva l'unità. Un istinto rudimentale dell'egoismo deve esistere in ogni specie dei tre regni naturali della convenzionale classifica scolastica. Le forme di cristallizzazione, le torme delle fioriture nei vegetali, le forme somatiche degli animali sono istinti dell'egoismo separatore a cui tendono, senza riuscire, tutti gli individui e tutte le unità.

Il Caos, nel secreto cabalistico, esclude l'idea della combinazione chimica e accentua l'idea della separazione, come istinto, approssimandosi al miscuglio. Se al Caos fosse stato preposto il principio femminile che esiste e presiede alle forme nell'Universo, non vi sarebbero state forme — perché ciò che presiede alla fusione delle sostanze di natura separata è principio femminile a cui si dette nome Amore negli esseri a forma umana. L'odio è principio separativo, l'egoismo nel momento della sua ribellione al mondo. Malgrado ogni ribellione v'è un legame che non si rompe tra la volontà che non cede e il resto della Natura.

La individualità è un'apparenza.

Il separando è l'enigma della magia dei grandi maghi ed è la sola finalità assoluta.

Una pianta in un prato e un cane che corre nella via che confina e si allontana dal prato sono cose separate apparentemente. Nel momento che guardiamo noi dimentichiamo che cane e pianta respirano la stessa aria e toccano la stessa terra. Noi stessi che osserviamo tocchiamo la stessa terra e respiriamo l'aria stessa e dimentichiamo di essere parte congiunta e continua della visione esteriore. Chi ci può dire se la visione stessa non sia un semplice prodotto di queste continuità? E che questa ci da il senso illusivo della separazione nostra dalle cose viste?

www.ingramcontent.com/pod-product-compliance
Lightning Source LLC
Chambersburg PA
CBHW072319020225
21301CB00011B/1176